上海预防中小学生欺凌
三年专项计划（2021-2023）
项目组成员

彭文华　程福财　任海涛　田相夏

李友权　乔俊君　吕小红　周　颖

徐一叶　崔仕绣

本册：田相夏

"上海预防中小学生欺凌三年专项计划"成果系列丛书

ZHONGXIAO XUESHENG
QILING FANGZHI ZHIDAO SHOUCE

中小学生欺凌防治指导手册

指导单位：上海市教育委员会
上海市人民检察院

上海预防中小学生欺凌三年专项计划
（2021-2023）项目组 ◎编

中国检察出版社

图书在版编目（CIP）数据

中小学生欺凌防治指导手册 / 上海市教育委员会, 上海市人民检察院编 . —北京：中国检察出版社，2023.12

ISBN 978-7-5102-2932-9

Ⅰ.①中… Ⅱ.①上… ②上… Ⅲ.①校园－暴力行为－预防－中小学 Ⅳ.① G634.203

中国国家版本馆 CIP 数据核字（2023）第 159506 号

中小学生欺凌防治指导手册
"上海预防中小学生欺凌三年专项计划（2021-2023）"项目组/编

出版发行：中国检察出版社

社　　址：北京市石景山区香山南路 109 号 (100144)

网　　址：中国检察出版社 (www.zgjccbs.com)

编辑电话：（010）86423796

发行电话：（010）86423726　86423727　86423728
　　　　　（010）86423730　86423732

经　　销：新华书店

印　　刷：北京联合互通彩色印刷有限公司

开　　本：889 mm × 1194 mm　32 开

印　　张：2.625

字　　数：63 千字

版　　次：2023 年 12 月第一版　　2024 年 12 月第八次印刷

书　　号：ISBN 978-7-5102-2932-9

定　　价：18 .00 元

前　言

　　"孩子们成长得更好，是我们最大的心愿。"这是习近平总书记心中最温柔的牵挂。党的十八大以来，以习近平同志为核心的党中央从党和国家事业发展薪火相传、后继有人的战略全局出发，高度重视未成年学生工作，亲切关怀未成年学生的健康成长，高度重视校园安全工作，强调要为学校办学安全托底，解决学校后顾之忧，维护老师和学校应有的尊严，保护学生生命安全。

　　上海一直高度重视中小学校园安全工作，高度重视学生欺凌防治工作。当前，上海中小学校园安全有序，但学生欺凌防治工作仍然不可放松。为进一步完善上海中小学生欺凌防治工作机制，受上海市教育委员会委托，上海政法学院牵头成立"上海预防中小学生欺凌三年专项计划（2021-2023）"（以下简称"专项计划"）项目组，华东师范大学、华东政法大学、上海社科院社会学所等高校/科研院所共同参与，开展为期三年的专项研究与实践，促进上海进一步构建融师资培训、工作指导、事件处置等于一体的预防中小学生欺凌长效机制。《中小学生欺凌防控指导手册》（修订版）（以下简称《手册》）即属于该专项计划的成果之一。《手册》包含了学生欺凌的早期干预、及时发现、规范处置等机制，进一步提高了学生欺凌防治的操作性、规范性，为学校、教师、家长与学生防治学生欺凌提供有益指导。

　　《手册》图文并茂，内容接近27000字，分为正文与附录两部分。正文具体分为：学生欺凌的界定、学校如何防治学生欺凌、教师如何防治学生欺凌、家长如何防治学生欺凌、学生如何防治学生欺凌五章。附录是学生欺凌防治的法律法规。《手册》坚持五个导向，即操作导向、问题导向、责任导向、创新导向、系统导向。

《手册》坚持操作导向。防治学生欺凌,在学校和一线老师的具体工作中,仍存在很多模糊之处、存在操作不明确的地方。比如,学生欺凌的概念如何把握,虽然《未成年人保护法》第130条进行了规范,但立法的抽象与宏观,需要具体解读。《手册》将学生欺凌概念解构成"主体要件""主观要件""行为要件""结果要件"等四要件,方便一线老师进行操作。这是《手册》吸收教育部解读基础上进行的地方首创。

《手册》坚持问题导向。学生欺凌防治存在"预防难""发现难""处置难"等三个核心难题,《手册》在此基础上进行了一一回应。针对预防难,《手册》预防策略分别根据学生欺凌的五种类型进行了六种针对性预防。针对发现难,《手册》提出了加强重点场所监管、重点人群进行关注、开展专项调查等常规举措;并从"九个异常"角度提醒家长孩子可能遇到了学生欺凌。针对处置难,《手册》规范了学生欺凌处置的流程与具体举措,方便一线老师进行掌握。

《手册》坚持责任导向。责任是防治学生欺凌的牛鼻子。防治学生欺凌需要方方面面的力量参与,《手册》不但明确了学校、老师和学生的责任同时,也明确了法治副校长等检察机关、公安机关、社工等方面的责任;《手册》也从强制报告制度、学校防治学生欺凌第一责任人、学生欺凌治理委员会、专门学校责任等角度,明确了各自责任范围。

《手册》坚持创新导向。《手册》吸纳了上海防治学生欺凌的经验与做法。"专项计划"对上海学生欺凌防治进行了整体规划。《手册》将上海学生欺凌防治中的重视旁观者这一角色的做法融入相关内容中,如积极发挥旁观者作用、提示学生欺凌对旁观者的危害等。针对严重的学生欺凌事件,《手册》突出公安、司法处置,在学生欺凌处置环节创新性增设了需司法机关介入处置的学生欺凌一节,明确了报告和处置流程,以及学校、教师与司法机关配合衔接的具体义务等内容。《手册》同时也吸收和采纳了上海市长宁区公安局、检察院、法院、司法局、教育局探索的法治副校长防治学生欺凌的经验,从而将上海的有益经验和做法进行了归纳提升。

《手册》坚持系统导向。《手册》结合学校、教师、学生、家长不同主体的身份视角，对学校、班主任、家长、学生如何防治学生欺凌都进行了提示，根据学生欺凌发生和演变机制分别进行了预防、识别和处置的提示性规定，将学生欺凌防治这一难题转化成了各方能理解、可操作的具体指导，从而为上海学生欺凌防治提供了全主体、可操作、全链条的工作指引。

特别值得一提的是，《手册》贯彻和秉承了"从一线中来、到一线中去"的大兴调查研究之风。《手册》召开专题论证会6次、项目组内部专题讨论近20次，前后易稿20余次，广泛听取了公安机关、检察机关、审判机关、司法行政部门、教育部门、民政部门、团委等职能部门意见，同时多次专门听取了学校校长、班主任教师、家长代表及学生代表、专家学者的建议。在此，对所有参与和关心《手册》修订的专家学者和实务部门人员表示感谢。《手册》充分听取了来自各方的真知灼见，但编写和整理过程中难免挂一漏万，文责由项目组负责，存在的疏漏之处也请读者批评指正。

目　录

第一章
学生欺凌的界定

一、学生欺凌的概念

学生欺凌，是指发生在学生之间，一方蓄意或者恶意通过肢体、语言及网络等手段实施欺压、侮辱，造成另一方人身伤害、财产损失或者精神损害的行为。

二、学生欺凌认定的四要素

学生欺凌应根据双方的以往关系、日常表现、发生次数、特定情境、师生陈述等情形综合认定，一般应同时具备主体要素、主观要素、行为要素和结果要素。

（一）主体上的特定性

学生欺凌发生在学生之间，而且多以欺凌一方在年龄、力量或人数等方面大于或多于被欺凌一方，具有"以大欺小、以多欺少、以强凌弱"的特性。欺凌者与被欺凌者往往角色固定，如果双方时常角色互换，则一般属于打闹行为，不宜认定为学生欺凌。

（二）主观上的故意性

欺凌者实施欺凌行为时有明确目的或恶意动机，如勒索财物、教训某人、以此为乐、宣示力量等，放任或者希望危害结果发生。

（三）行为上的持续性

学生欺凌往往是反复或长期发生的。一般情况下，一次性的推搡、击打、辱骂等不构成欺凌。但网络欺凌由于一经上网就会持续传播，应视为一种持续的伤害行为。

（四）结果上的伤害性

学生欺凌行为往往造成被欺凌者的人身伤害、财产损失或者精神损害。精神损害可通过以下表现来初步判断：如被欺凌者因在学校遭到欺凌而不敢上学；因在卫生间遭到欺凌而不敢上厕所；变得消极、沉默；被其他同学孤立和排挤；等等。

实践中，在认定学生欺凌时要严格参照上述标准合理把握，既不能将学生间的一般打闹嬉戏、互相起绰号等轻易认定为学生欺凌；也不能大事化小，将欺凌行为认定为普通打闹。

表 1　学生欺凌的认定要素

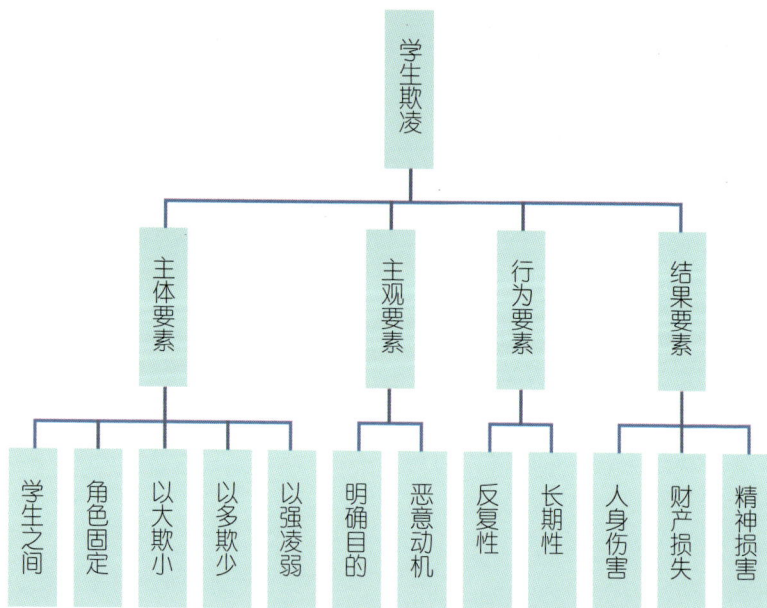

三、学生欺凌的五种常见形式

下面我们一起来看看五种常见学生欺凌的案例故事吧。

（一）肢体欺凌

即侵犯他人身体或者恐吓威胁他人，如殴打、脚踢、掌掴、抓咬、推撞、拉扯等。

（二）言语欺凌

即辱骂、讥讽、嘲弄、挖苦他人或起侮辱性绰号等。

（三）财物欺凌

即抢夺、强拿硬要或者故意毁坏他人财物等。

（四）社交欺凌

即恶意排斥、孤立他人，影响他人参加学校活动或者社会交往等。

（五）网络欺凌

即通过网络或者其他信息传播方式诽谤、诋毁他人或恶意传播他人隐私等。

网络欺凌常见形式：

1. 使用语言攻击他人，包括通过微信、QQ、短信等即时通讯工具，或在论坛、聊天室、微博、贴吧、短视频等互联网平台上公开威胁、侮辱、诽谤他人。

2. 曝光他人隐私，即在网络公共平台上发布、传播他人的私密、敏感信息。

3. 制造与传播虚假信息，包括拼接图片，或加上侮辱、诽谤性文字，散播谣言，发布不实信息，恶意举报或人肉搜索等。

表 2　学生欺凌的常见形式

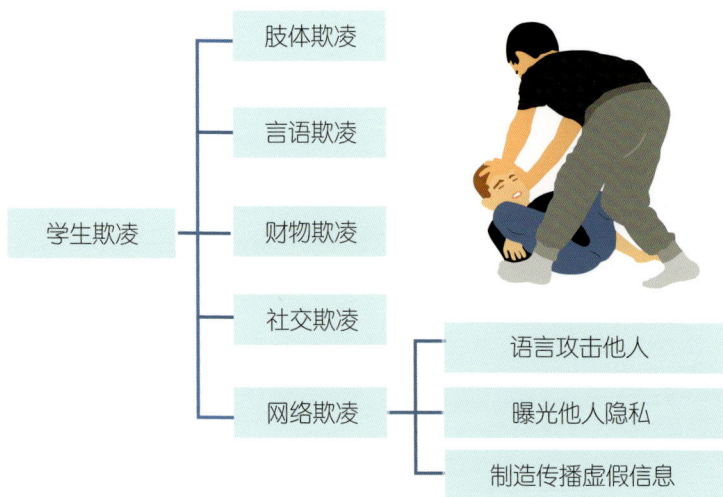

学生之间，在年龄、身体或者人数等方面占优势的一方蓄意或者恶意对另一方实施上述行为，或者以其他方式欺压、侮辱另一方，造成人身伤害、财产损失或者精神损害的，可以认定为构成欺凌。

四、学生欺凌中的四种常见角色

（一）欺凌者

即学生欺凌的主动发起人，是学生欺凌的指挥者或实施者。

（二）协助者

即为欺凌者提供帮助的人，如放哨、帮助压制被欺凌者等。

（三）被欺凌者

处于被动、被欺负的地位，受到身体伤害、财产损失或精神损害的学生。

（四）旁观者

对于学生欺凌行为具有重要影响，一般可以分为煽风点火者、保护者、局外人。

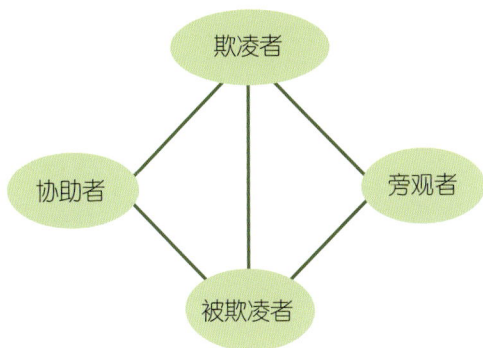

图 1　学生欺凌的四种角色

1. 煽风点火者，也被称为"强化者"。他们不直接参与欺凌行为，而是在一旁嬉笑起哄或呐喊助威，例如对欺凌者说"给他点颜色看看"等，强化了欺凌行为。

2. 保护者。他们站在被欺凌者一方，努力制止欺凌行为，或及时告知老师，或安慰、帮助被欺凌者。

3. 局外人。在欺凌事件发生时，置身事外，不采取任何行动。局外人的围观往往会助长欺凌者的表现欲，同时会增加被欺凌者的无助感和羞耻感。

五、学生欺凌发生的五个常见场域

学校教室、楼道、操场、厕所、宿舍等

上学、放学的路上

校园周边

网络空间

其他与学生生活、学习、娱乐密切相关的场所等

六、诱发学生欺凌的五个常见因素

(一) 家庭因素

　　学生欺凌的发生与家庭氛围、家庭教育方式密切相关。生活在充斥暴力倾向等家庭氛围中的孩子，容易成为欺凌者。长期得不到恰当关爱和教育的孩子易缺乏安全感、归属感和信赖感，容易遭到欺凌或欺凌他人。紧张的亲子关系、体罚和虐待等不科学的教育方式以及放纵型、溺爱型家庭教育方式也较容易产生实施欺凌或者被欺凌的孩子。

(二) 学校因素

　　学校校风不良、班级管理不到位，学生道德与法治教育、心理健康教育不健全，学校欺凌防控制度和措施不健全，教师对学生间的矛盾纠纷未及时或未正确处理等，均可能导致学校出现学生欺凌。

（三）社会因素

网络、影视、动漫、游戏等媒介对凶杀、暴力、色情等的宣扬，会导致尚未具有较强判断能力和辨别能力的学生效仿，从而内化为自身的行为和处事原则，进而产生学生欺凌。

（四）学生自身因素

性格暴躁、行为冲动、争强好胜或忌妒心、报复心强以及身心发育不平衡的学生，一般更容易实施学生欺凌。存在身体缺陷和生理缺陷、长期体弱多病、性格内向、懦弱自卑、胆小、孤僻的学生更容易成为被欺凌的对象。

（五）同伴因素

在校缺乏同伴交往能力、社会支持系统不足的学生更容易成为被欺凌的对象。存在不良社会交往、参加实施不良行为的团伙、被社会个体或群体教唆和受欺凌、暴力伤害等亚文化影响的学生更容易成为欺凌者。

图 2　学生欺凌的影响因素

七、学生欺凌的四个主要影响

（一）对被欺凌者的影响

1. 身体影响。轻则造成被欺凌者鼻青脸肿，身体被抓伤、咬伤、挖伤等；重则造成轻伤以上的严重结果等。

2. 心理影响。被欺凌者容易产生严重焦虑、恐惧等负面情绪和抑郁、高孤独感、不安全感、无助感等不良心境，长期持续的情绪情感问题可能导致自卑、低自尊、社交退缩等性格特征，甚至引发创伤后应激障碍、焦虑症、抑郁症等心理障碍和自残自伤等心理危机。

3. 行为影响。被欺凌者往往出现失眠、梦魇、物质成瘾、网络成瘾以及攻击、破坏等行为；被欺凌者还可能采取报复性应对措施，对欺凌者做出反击或出现转而欺凌弱小学生等恶逆变行为。

4. 学业影响。被欺凌者容易出现迟到、缺课、不交作业等现象，甚至出现逃课、逃学、拒学、厌学等严重的逃避行为。

（二）对欺凌者的影响

1. 人际关系影响。欺凌者往往遭到同学排斥，影响与其他同学之间的正常交往，容易引发人际关系矛盾和同伴关系紧张等。

2. 心理影响。欺凌者容易形成攻击性人格，严重的会形成反社会性心理。

3. 行为影响。长期实施欺凌的学生容易形成以暴力或攻击手段解决问题的行为倾向或习惯，成年后实施犯罪行为的可能性较高。

4. 法律责任承担。根据学生欺凌的情节严重程度，欺凌者将承担相应的民事责任、行政责任甚至刑事责任。

（三）对旁观者的影响

1. 心理伤害。学生欺凌可能会对旁观者造成一定的恐惧和不适，有的学生会因未及时有效干预欺凌而产生挫败感、愧疚感或无力感。

2. 不良行为模仿。有的学生会去模仿欺凌者的行为，成为学生欺凌的又一实施者。

（四）对家庭、学校和社会的影响

学生欺凌影响家庭的和谐幸福，如部分被欺凌者家长往往会产生愧疚感、愤怒感、失望感，严重的则会采取过激措施维护孩子的权利，造成更多次生危害。学生欺凌还会破坏学校教育教学秩序，损害学校声誉；给学校周边环境、上下学路上的治安带来消极社会影响，形成安全隐患。

表 3　学生欺凌的影响

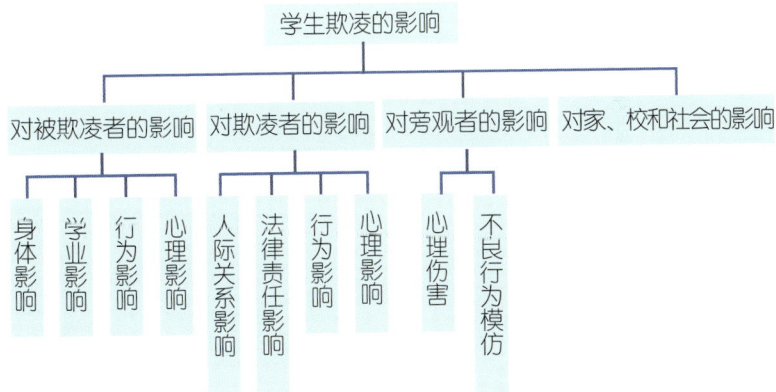

八、关于学生欺凌的八种常见错误观念

（一）学生欺凌是一种必然经历

学生欺凌就是"打打闹闹"，是青春期的必然经历，不用太在意，等孩子长大了就"消失"或"痊愈"了。

任何一个孩子都不应该被欺负，无论何种程度、何种方式的学生欺凌都不应该被漠视，学生欺凌可能对学生的一生造成严重影响。

（二）学生之间的打架就是学生欺凌

只要孩子遭遇了欺负，发生了打架斗殴行为，就是学生欺凌。

学生欺凌应该依据法律法规规范认定，既不能一味否认、姑息纵容;也不能把学生之间的嬉戏打闹和一般矛盾纠纷认定为学生欺凌，给学校、学生及其家长带来不必要的困扰。

（三）学生欺凌只不过是孩子们之间的玩笑行为

有些学校或者家长将学生欺凌简单认定或等同于"小孩子之间的玩笑"。

这种观念危害很大。一方面，会纵容学生欺凌行为及欺凌者，助长其错误行为，歪曲其价值观；另一方面，会造成被欺凌者的"二次伤害"，被欺凌者对学校处置结果的失望或不满可能会导致其不再将学生欺凌告知家长、老师，而自行选择其他不当处理措施。

（四）被欺凌者是咎由自取

学生欺凌，被欺凌者也有责任。"一个巴掌拍不响""他怎么不打别人，只打你""怎么被打的总是你"。

以任何理由或者借口实施学生欺凌行为，都应该被谴责和否定。不分青红皂白，"各打五十大板"的做法更是错误的。

（五）被欺凌者应该"打回去"

遭遇学生欺凌，应该"打回去"，否则就 "太怂了"。

遇到学生欺凌，被欺凌者一般处于弱势地位，盲目报复往往会招致更严重的伤害后果，甚至会产生相应的法律责任。

（六）被欺凌者最好沉默应对

被欺凌者如果反抗或者告诉家长、老师，会遭到更为严重的报复。只要好好服软听话， 以后就不会再被欺负了。

如果被欺凌者一味退让、妥协、沉默应对，只会让欺凌者变本加厉。被欺凌者不要自己单独承受身体和心理上的创伤，应当及时向老师、家长、警察求助。学生欺凌只有被发现，才能得到合理处置，被欺凌者才能改变被欺负的局面。

（七）旁观者应该少管闲事

"莫管他人瓦上霜"，只要学生欺凌不是发生在自己身上，即便看到或者遇到，也不要多管闲事，更不要打小报告，不然会遭遇报复。

学生欺凌不但会对被欺凌者造成伤害，也会对旁观者造成影响，及时向老师报告的行为不是"告密""打小报告"，而是保护同学、保护自己最正确的行为。

（八）学校对于学生欺凌的处置应该大事化小

学生欺凌会对学校、老师造成负面影响，应该内部消化，尽量不要认定为学生欺凌，更不要报告上级部门。

学生欺凌的发生与学校、教师没有充分重视、及时发现、正确处理有密切关系，学校应该依据法律法规认真履行防控学生欺凌的职责，对严重的学生欺凌及时向教育行政部门、公安部门报告。

表4　关于学生欺凌的八种常见错误观念

1	学生欺凌是一种必然经历	✖
2	学生之间的打架就是学生欺凌	✖
3	学生欺凌只不过是孩子们之间的玩笑行为	✖
4	被欺凌者是咎由自取	✖
5	被欺凌者应该"打回去"	✖
6	被欺凌者最好沉默应对	✖
7	旁观者应该少管闲事	✖
8	学校对于学生欺凌的处置应该大事化小	✖

第二章

学校如何防治学生欺凌

一、成立防治学生欺凌的组织机构

（一）成立学生欺凌治理委员会

学校应该成立由校长负责，校内相关人员、法治副校长、法律顾问、有关专家、家长代表、社区代表等组成的学生欺凌治理委员会（高中阶段还应吸纳学生代表），制定防治学生欺凌工作各项规章制度，负责学校学生欺凌治理专项工作的组织和落实。规模较大、多校区的学校，或有条件的其他学校，可以整合学生欺凌防治、纪律处分等组织或工作机制，组建学生保护委员会，统筹负责学生权益保护及相关制度建设。

表 5　学生欺凌治理委员会的组成

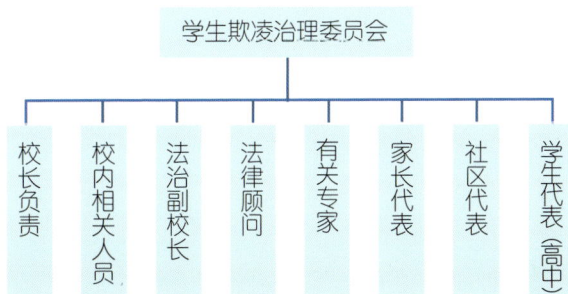

（二）建立防治学生欺凌三人小组

学校成立由分管校领导或中层干部负责，班主任或未保老师，心理老师或其他教师参与组成的防治学生欺凌三人小组，负责学校欺凌防控日常工作，包括学生欺凌治理规章制度完善、学校安全风险排查、预防宣传教育、师生专题培训、学生矛盾的初步调查和评估等。对于疑似学生欺凌行为，及时提交学生欺凌治理委员会进行认定和处置。

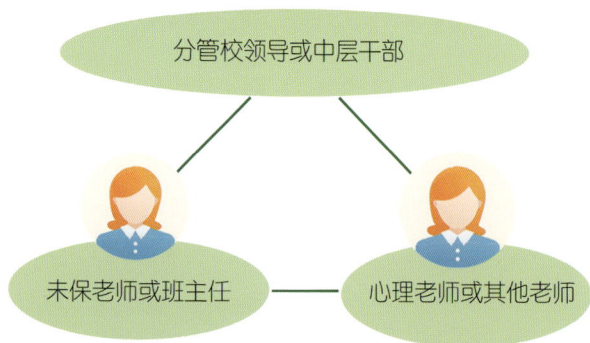

图 3 防治学生欺凌三人小组

（三）强化法治副校长的参与

法治副校长的工作职责：

1. 完善学校学生欺凌防治制度。协助学校健全学生欺凌预防与处置机制。

2. 开展学生欺凌防治的宣传教育。每年在任职学校开展学生欺凌防治的专题教育；指导、帮助教师开展学生欺凌防治教育。

3. 参与学生欺凌的处置。参与学生欺凌的调解协商和调查处置；协助学校加强与社区、家庭及社会有关方面的沟通联系；制止侵害学校和师生合法权益的不法行为。

4. 实施或者指导实施对欺凌者的教育惩戒。参与建立学生教育保护辅导工作机制，对欺凌者予以训诫或矫治教育；对被欺凌者及其他学生进行专门的教育辅导。

表6　法治副校长的作用

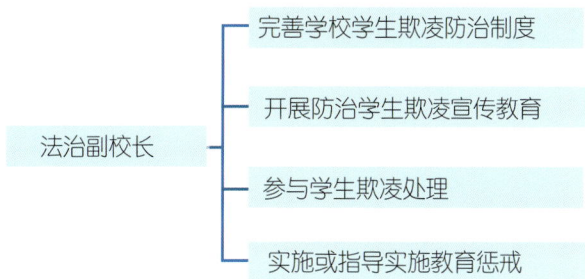

法治副校长 ──┬── 完善学校学生欺凌防治制度
　　　　　　 ├── 开展防治学生欺凌宣传教育
　　　　　　 ├── 参与学生欺凌处理
　　　　　　 └── 实施或指导实施教育惩戒

（四）发挥社会力量的作用

学校根据需要，可引入具有相应资质的社会组织、专业机构及其他社会力量，为学校防治学生欺凌提供法律咨询、心理辅导、行为矫正、家庭教育指导等专业服务。

二、加强学生欺凌的预防和教育

（一）严格学校日常管理

学校应该将校园视频监控系统、紧急报警装置等接入公安机关、教育行政部门监控和报警平台，逐步建立校园安全网上巡查机制。要制定防治学生欺凌工作制度，主要包括学校层面的防治学生欺凌的规章制度、相关岗位教职工的职责、学生欺凌事件应急处置预案、学生欺凌的早期预警和事中处理及事后干预的具体流程、校规校纪中对实施欺凌学生的教育惩戒规定等。

（二）加强教职员工培训和学生预防教育

组织教职员工开展防治学生欺凌的专题培训和学习，帮助教职员工能够准确识别、及时干预、正确处理学生间的常见矛盾冲突。

对于疑似欺凌事件，根据学校应急处置预案和自身职责及时规范处置。定期对学生开展欺凌防治专题教育，帮助学生正确对待同伴关系。学校共青团、少先队组织要配合学校开展好法治宣传教育、安全自护教育。

（三）组织开展家长培训

通过家长学校、推送家教小贴士等方式，加强家长培训，帮助家长了解防治学生欺凌的知识，引导广大家长增强法治意识，落实监护责任。对于已经认定的学生欺凌关系人的父母或监护人开展针对性家庭教育指导。

表7　加强学生欺凌预防和教育

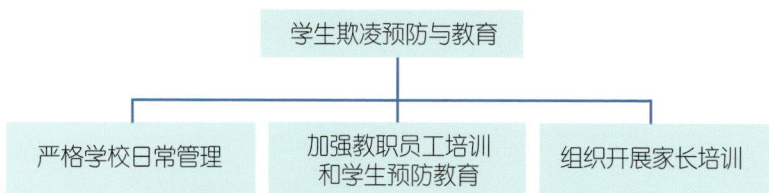

```
          学生欺凌预防与教育
   ┌──────────┼──────────┐
严格学校日常管理  加强教职员工培训   组织开展家长培训
              和学生预防教育
```

三、学生欺凌的发现、调查与处置

（一）学生欺凌的发现

1. 畅通师生的联系渠道。学校应该通过校园网或公示栏等渠道公布学校防治学生欺凌负责人、法治副校长的联系电话、电子邮箱、投诉信箱等信息，畅通学生、家长及时反映学生欺凌现象的联系渠道。

2. 引导学生如实报告。在日常教育教学中，教师要指导学生识别常见的学生欺凌，引导学生将可能发生学生欺凌的情况或者已经发生的学生欺凌及时告知老师。对于本校发现、查处的学生欺凌事件，应该建立档案予以保存，并及时向教育行政部门报告。

3. 加强对重点群体的关注。教师要重点关注因为身体条件、家庭背景或者学习成绩等因素处于弱势或者特殊地位的学生，如困境儿童、留守儿童、随迁子女、家庭经济困难学生、身心障碍学生、学习困难学生等，注意观察其学习生活状态，并通过日常观察和谈心谈话等了解其人际交往情况，发现学生存在被孤立、排挤等情形的，应及时干预。发现学生有明显情绪反常、身体损伤等情形的，应及时沟通了解情况，可能存在被欺凌情形的，要及时向学校报告。教职员工发现学生存在被欺凌情况时，无论是否属于自己所教班级的学生，都应及时予以制止。

4. 加强校园重点场所监管。对于易发生学生欺凌的场所，应该通过人防和技防等方式，强化重点监管，不留死角。在学生放学后，值班老师、保安应对校园进行全面巡查，要重点排查隐蔽场所，确认所有学生都已离校。

5. 定期开展专项调查。学校应当定期针对全体学生开展防治欺凌专项调查，对学生交往情况、是否存在学生欺凌等情形进行研判与评估。调查过程要注意方式方法，以保证调查结果的真实性，注意保护学生隐私。

表 8　学生欺凌的发现

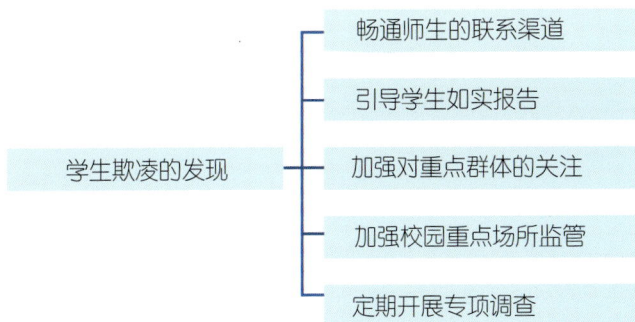

	畅通师生的联系渠道
	引导学生如实报告
学生欺凌的发现	加强对重点群体的关注
	加强校园重点场所监管
	定期开展专项调查

（二）初步处置

防治学生欺凌三人小组对相关事件进行初步核实和评估：

1.核实事件的前因后果和基本事实。

2.初步评判该行为的性质及危害程度。如果评估为学生"玩笑打闹"或一般纠纷，可以直接解决并归档备查；如果评估为疑似学生欺凌行为，应及时提交学生欺凌治理委员会进行认定和处置。

3.建立对举报者的必要保护措施。除了直接受理人，不应让其他人知悉举报人的具体信息。

（三）开展调查

对疑似学生欺凌事件，学生欺凌治理委员会在接到防治学生欺凌三人小组的报告后，应对涉事学生及其所在班级的教师和相关学生分别展开调查，全面掌握事实情况，相关事件及调查进展应通过适当方式及时通报涉事学生家长。对事件相关人员的询问应该避免在公共场合或当众进行。

（四）评估合议

在前期调查基础上，学生欺凌治理委员会应召开现场评估会议，通知学校代表、涉事学生及家长参与。有必要的，可以通知学生欺凌事件其他相关人员参与。在进行事件评估的过程中，学生欺凌治理委员会应对学生欺凌行为作出明确解释，通报前期调查情况。在评估合议阶段，学生欺凌治理委员会成员应该综合行为的实施主体、主观意图、行为方式、危害后果等四方面要素以及事件的社会影响等情况，通过其他方式对学生的相关行为是否属于学生欺凌及其严重程度作出判断。对于可能涉嫌违法犯罪的学生欺凌，可在听取学生欺凌治理委员会内法律专业人员意见后，向公安、教育等有关部门报告。

（五）出具报告

学生欺凌治理委员会应在调查和评估合议的基础上，形成完整的学生欺凌调查报告，报告应该翔实、准确、客观。

表9　学生欺凌调查报告

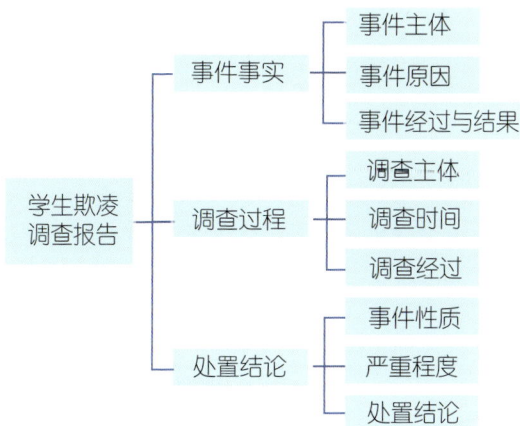

学生欺凌调查报告
- 事件事实
  - 事件主体
  - 事件原因
  - 事件经过与结果
- 调查过程
  - 调查主体
  - 调查时间
  - 调查经过
- 处置结论
  - 事件性质
  - 严重程度
  - 处置结论

报告应包括三个主要部分：事件事实、调查过程、处置结论。事件事实是指事件发生的原因、涉及主体、发生过程、造成的结果等；调查过程包括调查主体、调查时间、调查经过；处置结论包括事件性质（是否构成学生欺凌）、严重程度、对欺凌者的处置结论等。

（六）复查阶段

学生欺凌治理委员会的调查、处置等工作，原则上应在学校启动调查处理程序10日内完成。对于确需复查的学生欺凌事件，由区级教育行政部门组织学校代表、家长代表和校外专家等组成调查小组启动复查。复查工作应在15个工作日内完成，对事件是否属于学生欺凌进行认定，提出处置意见并通知学校和家长、学生。

表10　学生欺凌处置流程

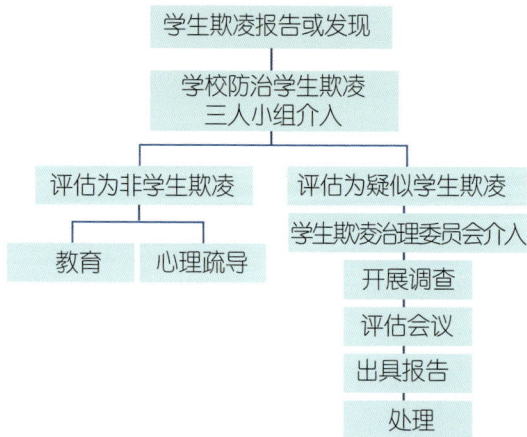

学生欺凌报告或发现

学校防治学生欺凌
三人小组介入

评估为非学生欺凌　　　评估为疑似学生欺凌

教育　心理疏导　　　　学生欺凌治理委员会介入

开展调查

评估会议

出具报告

处理

四、学生欺凌行为认定后的处理

（一）对欺凌者的处理

学生欺凌治理委员会应该以明确方式将对欺凌者的处理措施规定在学生欺凌事件报告中，欺凌者及其家长签字后，应当按照要求执行。

学生欺凌治理委员会根据实际情况要求欺凌者及其监护人承担欺凌造成的财物损失及被欺凌者身体、精神损害赔偿等责任后，应根据以下情形进行处置：

1. 情节轻微的学生欺凌事件的处置。由学校对欺凌者开展批评、教育；要求欺凌者向被欺凌者口头或书面道歉，并取得谅解。学校对欺凌者可视具体情节和危害程度给予如下处分：点名批评；责令赔礼道歉、做口头或者书面检讨；适当增加额外的教学或者班级公益服务任务；课后教导；学校校规校纪或者班规、班级公约规定的其他适当措施。学校和教师实施前款措施后，可以适当方式告知学生家长。

2. 较为严重的学生欺凌事件的处置。对于情节比较恶劣、对被欺凌学生身体和心理造成明显伤害的较为严重的学生欺凌事件，学校在对欺凌者开展批评、教育的同时，可以实施以下教育惩戒，并应当及时告知家长：由学校德育工作负责人予以训导；承担校内公益服务任务；安排接受专门的校规校纪、行为规则教育；暂停或者限制学生参加游览、校外集体活动以及其他外出集体活动；学校校规校纪规定的其他适当措施。

3. 严重的学生欺凌事件的处置。对于小学高年级、初中和高中阶段的学生实施的屡教不改或者情节恶劣的严重学生欺凌事件，学校可以实施以下教育惩戒，并应当事先告知家长：给予不超过一周的停课或者停学，要求家长在家进行教育、管教；由法治副校长或者法治辅导员予以训诫；安排专门的课程或者教育场所，由社会工作者或者其他专业人员进行心理辅导、行为干预；对违规违纪情节严重，或者经多次教育惩戒仍不改正的学生，学校可以给予警告、严重警告、记过或者留校察看的纪律处分；学生欺凌构成严重不良行为的，必要时可根据《预防未成年人犯罪法》有关规定，将欺凌者转送专门（工读）学校进行教育矫治；对高中阶段学生，还可以给予开除学籍的纪律处分；涉及违反治安管理或者涉嫌犯罪的学生欺凌事件，处置以公安机关、人民检察院、人民法院为主，教育行政部门和学校要及时报告，配合公安、司法机关等依法处置。

对欺凌者实施教育惩戒后，学校应设定专人与欺凌者家长保持联系，共同做好对欺凌者的跟踪、辅导、转化工作。对欺凌者家长进行专门家庭教育指导，让其明确知道学生欺凌对于双方的危害性，掌握本书中家庭防治义务内容，必要时由具有资质的家庭教育指导师提供专业指导。

（二）对被欺凌者的保护

1. 制订针对性的辅导方案。对于被欺凌者，学校要制订详细的工作方案，联合家长共同对其进行情绪疏导和心理辅导，关心其生活和学习状况，给予必要的鼓励和帮助。

2. 构建特别保护的班级关系。班主任、任课教师应该对被欺凌者的同伴关系予以重点关注，通过积极组织集体活动，为被欺凌者融入班集体提供机会，避免其他同学对被欺凌者产生敌对、孤立等不良情绪。

3.建立协同协作机制。学校在未成年人保护各职能单位，如民政、公安、检察院、法院、司法行政机关等支持下，给被欺凌者及其家庭提供心理、医疗、帮扶安置、法律等帮助。

（三）对欺凌相关人员的教育和辅导

1.加强对欺凌相关学生的教育。教师应积极宣传和普及有关学生欺凌的知识，培养学生应对欺凌的能力；培养学生同理心和责任感，学会换位思考；教育学生在能够自我保护的前提下，采取合理的措施有效制止学生欺凌，事后要及时报告老师，真实客观地反映情况，防止类似情况再次发生。

2.对重点班级、学生的关注制度。学校、班主任等要对发生过学生欺凌事件的班级持续予以关注、加强联系，及时开展有针对性的专题教育，以杜绝类似事件再次发生。对于具有不良行为记录的学生及其所在班级，要予以重点关注，班主任、任课老师要留意观察班级及学生有无异样，及时发现问题。

3.发挥典型案例的警示教育作用。在教职员工大会、学生大会上，强调学生欺凌的类型、危害、法律责任，表明学校严厉处置的态度，特别是对于本校处理过的典型案件，要进行匿名宣传教育，起到警示教育作用。

五、需司法机关介入的学生欺凌的处置

（一）履行强制报告义务

对违反治安管理或涉嫌犯罪等严重欺凌行为，学校不得隐瞒，应当及时履行强制报告义务，向公安机关、检察机关等司法机关报告，将对学生欺凌进行初步核实后的相关材料一并提交，并按照教育行政部门的要求报告备案。

对于因及时报告使被欺凌者得到妥善保护、欺凌者受到依法惩处的，可以给予相关机构、人员奖励、表彰。负有报告义务的学校、教职员工未履行报告职责，造成严重后果的，应受到相应处分；构成犯罪的，依法追究刑事责任。对于阻止教职员工报告的，予以从重处罚。对于长期不重视强制报告工作，不按规定落实强制报告制度要求的，根据其情节、后果等情况，相关部门将依法对该单位和失职失责人员进行问责，对涉嫌职务违法犯罪的依法调查处理。

为依法保障学校、教职员工履行强制报告责任，司法机关会对报告人的信息予以保密。对根据规定报告学生欺凌事件而引发的纠纷，报告人不承担相应法律责任；对于干扰、阻碍报告的组织或个人，依法追究法律责任。

（二）与司法机关配合衔接

司法机关介入学生欺凌事件后，将区分不同情况对欺凌者进行保护处分、分级干预等临界预防，或依法进行治安管理处罚甚至追究刑事责任。学校及教职员工应当积极与公安、司法机关衔接配合，履行法律规定的下列义务：

1. 提供证据。学校及教职员工应当积极予以协助配合，全面提供司法机关需调取的处理记录、监控资料、证人证言等证据。

2. 保护隐私。学校及教职员工应当注意保护学生隐私，对于涉及学生欺凌事件的学生身份、案情等信息资料予以严格保密，严禁通过互联网或者以其他方式进行传播。

3. 担任合适成年人。司法机关讯问、询问学生欺凌事件中的未成年犯罪嫌疑人、被害人、证人时，应有法定代理人在场，见证、监督整个讯问或者询问过程，包括是否对未成年被害人进行"一站式"取证等，维护未成年人合法权益。法定代理人因具有法定情形，不能或者不宜到场时，学校可派代表作为未成年学生的合适成年人到场，见证、监督办案。

4.参与矫治教育。司法机关在对欺凌者进行矫治教育时，学校应根据邀请参与矫治教育。

5.进入帮教小组。教师应作为帮教小组的重要成员，协助司法机关对在学生欺凌事件中涉罪的未成年学生开展观护帮教。

6.与司法机关联合开展家庭教育指导。司法机关对学生欺凌相关学生的家长开展家庭教育指导时，学校及教职员工应积极配合参与。

（三）了解司法机关介入后的具体处理措施

1.针对有严重不良行为的未成年人。对于有严重不良行为的未成年欺凌者，公安机关可以根据具体情况采取训诫，责令赔礼道歉、赔偿损失，责令具结悔过，责令定期报告活动情况，责令遵守特定的行为规范，不得实施特定行为、接触特定人员或者进入特定场所，责令接受心理辅导、行为矫治，责令参加社会服务活动，责令接受社会观护，由社会组织、有关机构在适当场所对未成年人进行教育、监督和管束等矫治教育措施。

对于父母或者其他监护人、所在学校无力管教或者管教无效的，可以向教育行政部门提出申请，经专门教育指导委员会评估同意后，由教育行政部门决定送入专门学校接受专门教育。如果实施严重危害社会的行为，情节恶劣或者造成严重后果，多次实施严重危害社会的行为，或者拒不接受或者配合矫治教育措施的，或是实施了刑法规定的行为、因不满法定刑事责任年龄不予刑事处罚的，经专门教育指导委员会评估同意，教育行政部门会同公安机关可以决定将其送入专门学校接受专门教育。

2.针对违反治安管理规定的学生。对于违反治安管理规定的欺凌者，公安机关将根据《治安管理处罚法》的规定依法受案审查，并视具体情况处以警告、罚款、行政拘留等行政处罚。

3. 针对违反刑法、需承担刑事责任的未成年人。对于违反刑法且已达刑事责任年龄、需承担刑事责任的未成年欺凌者，公安机关将依法立案侦查，检察机关将根据案件具体情况依法提起公诉或决定不起诉等，其中包括作出附条件不起诉决定，即对于未成年人涉嫌刑法特定章节犯罪，可能判处一年有期徒刑以下刑罚，符合起诉条件，但有悔罪表现的，检察机关可以作出附条件不起诉的决定，设置六个月以上一年以下的附条件不起诉考验期，进行监督考察，并根据考验期表现决定提起公诉或不起诉。检察机关依法提起公诉后，审判机关将进行审判、判处刑罚。其中，如果被判处缓刑，未成年人需要接受社区矫正。

学校及教职员工不得在复学、升学、就业等方面歧视因违法犯罪受到依法处罚、刑满释放或接受社区矫正的未成年人。义务教育学校不得开除或者变相开除学生。

4. 针对民事纠纷部分。在学生欺凌事件中，可能会出现学生起诉学生、学生起诉老师或学校等民事纠纷，学校应当引导当事人依法处置。此时，也会涉及司法机关、人民调解组织等的介入。

学校及教职员工应当知晓学校对被欺凌者可能需承担的民事责任。对于未满八周岁的无民事行为能力人在学校学习、生活期间受到人身损害的，学校应当承担侵权责任；但是，学校能够证明尽到教育、管理职责的，不承担侵权责任。对于已满八周岁未满十八周岁的限制民事行为能力人在学校学习、生活期间受到人身损害，学校未尽到教育、管理职责的，应当承担侵权责任。

第三章

教师如何防治学生欺凌

一、积极创建学生欺凌防治氛围

(一) 每学年至少开展一次专题教育

在专题教育中应列举学生欺凌的常见情形、应对学生欺凌的常见做法、欺凌他人的法律责任等，在保护隐私的情况下，多用学生欺凌的实际案例来教育学生，让学生体会到欺凌的危害。

(二) 掌握班级同学状况

了解班级中的学生关系，对于学生之间可能存在或者出现的矛盾隐患早发现、早预防。对于班上身高、体重、外貌等身体条件特殊或者家庭条件特殊的学生进行重点关注，留意其他学生有没有对其起侮辱性绰号、孤立或有其他不当行为。

(三) 公平、公正、平等对待每一位学生

在日常教育教学活动中适当给予每一位学生表现空间或机会，建立良好的师生关系。对优秀的学生进行恰当而不过分的表扬；对暂时表现欠佳的学生要找到其优点给予适当表扬；对改正偏差行为的学生及时予以肯定和鼓励。

(四) 倡导互帮互助的同学关系

组织合适的活动请学生互相把对方的优点讲出来；可以将学生组成学习互助小组，促进互帮互助，构建良好的同伴关系，防止出现学习上或其他方面的不良竞争行为。

(五) 鼓励学生及时报告班级中的异常情况

教育学生在发现同学之间存在矛盾、纠纷或疑似学生欺凌行为时，要及时向老师进行报告，并明确告诉学生这种报告行为是正当的。

二、及时有效干预学生欺凌的萌芽

（一）客观公正处理学生之间的矛盾

学生之间发生矛盾，教师既要听取双方意见，也要听取周围同学（证人）的意见，全面了解实际情况后再进行处理，切不可为了息事宁人而简单处理，更不能偏袒学习成绩好或日常行为表现好的同学，避免因处理不当而引起学生欺凌的可能。

（二）发现疑似学生欺凌应及时报告

教师应该对学生之间的矛盾作出初步判断，如属于日常冲突，应依据校纪校规直接处理；如发现疑似学生欺凌，应该及时向防治学生欺凌三人小组报告。

三、教育学生预防欺凌的有效策略

（一）总体策略

1. 多交朋友。教育学生要跟同学和谐相处，互相尊重。

2. 鼓励学生学会换位思考。如果发现有学生喜欢戏弄、孤立他人，老师可以用适当的方式，教育学生学会换位思考，帮助改正其行为。

3. 学会尊重他人。教育学生要学会尊重其他同学，帮助学生树立看到他人优点和长处的观念，欣赏他人，尊重他人。

4. 在遭遇欺凌时及时报告。教育学生遭遇欺凌后不要保持沉默，要第一时间告诉老师、家长，通过成年人介入的方式避免更严重的后果。

（二）预防身体欺凌的策略

1. 不故意惹事。教育学生尽量避免与同学发生冲突。

2. 不单独去偏僻的场所。教育学生上下学和活动时尽可能结伴而行。独自出去找同学玩时，不要走僻静、人少的地方。放学后及时回家。

3. 避免正面冲突。一旦遭遇肢体欺凌，不要与欺凌者正面冲突，保护好自己，尽快离开现场，然后将事情及时报告老师或者家长。

（三）预防社交欺凌的策略

教育学生学会分析、找准原因并积极行动。当学生遭遇"冷暴力"等社交欺凌，能够识别并及时调整。和学生谈心时，需要以同理心接纳不同观点，多站在学生的角度去体会他们的情绪。尝试让学生自己分析情况，谈谈是什么原因导致了上述困扰；付诸行动，鼓励学生按照自己的想法行动。

（四）预防言语欺凌的策略

针对语言欺凌，教育学生学会简单回应方法。可以有理有力有节地回应：告诉挑衅者，"嘲笑别人的行为是错误的"，要求对方立即停止这种行为；明确告诉对方"不管你说什么，我根本不在乎""如果你继续这么做，我会告诉老师或者家长，你一定会受到应有的惩罚"。

（五）预防财物欺凌的策略

1. 不张扬、不炫富。教育学生不要带贵重的财物来学校，穿戴和学习用品要符合学生的身份，不攀比、不铺张浪费。

2. 合理标记自己的财物。可以教育学生在自己的物品上进行标记，以免同样的文具、书本无法分清所有权人。

（六）预防网络欺凌的策略

教师应当将科学、文明、安全、合理使用网络纳入课程内容，对学生进行网络安全、网络文明和防止网络欺凌的教育，提示学生常见的网络欺凌情形、危害和维权方式，提高学生防治网络欺凌的水平和能力。

四、与家长形成教育合力

（一）正面评价学生

日常评价以鼓励、正面肯定为主，避免挫伤学生的自尊心、自信心。

（二）及时纠正家长教育存在的问题

通过单独沟通或者家长会等途径，开展家庭教育指导。发现家长有不利于孩子成长的教育理念、方法和行为，耐心沟通交流，引导其积极予以转变。

（三）妥善处理学生问题

对于学生的偏差行为，可以通过与家长单独见面、手机联系等方式进行交流。避免在学生面前与家长讨论孩子的问题，以免对学生造成负面影响。

第四章
家长如何防治学生欺凌

一、营造良好的家庭氛围

（一）建立良好的亲子关系

家长要主动学习家庭教育知识，接受家庭教育指导，创造良好、和睦、文明的家庭氛围和家庭环境。积极与孩子沟通，耐心倾听孩子倾诉，多关注孩子、多留意细节。

（二）注意言传身教

父母是孩子的第一任老师。家长应该注意自身言行，规范自身行为，避免在孩子面前发生争吵、打骂等行为，避免当着孩子的面发泄对学校和老师的不满。

（三）对孩子进行恰当的评价

对孩子应该以正面教育、积极鼓励为主，尽量避免或者减少负面、消极的评价。避免带着情绪教育孩子，避免打骂教育，避免在公众场合或采取极端方式对孩子进行批评教育，避免对孩子进行简单粗暴的否定性批评，如"你真笨""你就不如人家某某某"等。

二、教育孩子不得实施学生欺凌

（一）教育孩子树立同理心

教育孩子学会换位思考、感知他人情绪、积极倾听他人想法、尊重他人人格，从而感知学生欺凌对被欺凌者造成的痛苦和伤害，进一步明确行为的边界。

(二) 教育孩子建立良好的同学关系

教育孩子要建立良好的同学关系，妥善处理同学之间的矛盾和冲突，杜绝学生欺凌产生的根源。

(三) 教育孩子认识学生欺凌的危害

家长应该选择合适的机会或者情形教育孩子认识实施欺凌的危害，告诉孩子欺凌是违纪违法的，对自身长远发展是不利的。

三、识别和发现孩子被欺凌的端倪

(一) 情绪异常

孩子出现焦虑、紧张或非常警惕等情绪，或看起来有心事、不高兴、魂不守舍等，但是不管如何盘问，也不肯说出缘由。孩子上网时，富有攻击性或暴怒情绪，之后常常情绪低落，没有合理解释且遮遮掩掩，应引起重视。

(二) 学习异常

孩子对上学有焦虑、害怕、抵触等负面情绪，出现学习退步、厌学等情况，希望父母陪同上学甚至不愿意去上学，特别是本来喜欢学习的同学出现此类现象，更要引起注意。

（三）物损异常

孩子的日常用品如书包、衣服、书本、文具等经常无故丢失或者遭人为破坏。

（四）交友异常

孩子流露出对周围朋友的不信任，或者会说出"没人喜欢我""我没有朋友"等类似的话，出现突然不和朋友来往、逃避社交场合的举动。

（五）花销异常

孩子突然跟家长多要零用钱、财物或者谎称要向学校缴费，短时期内花销较大。

（六）行为异常

　　平时开朗、活泼、喜欢说话的孩子，突然变得少言寡语、对学习和生活失去兴趣。性情温顺的孩子，突然对家人发怒、莫名抱怨。

（七）作息异常

　　孩子出现晚睡、失眠、做噩梦或者半夜惊醒等情况。

（八）病症异常

　　孩子精神紧张或连续几天说自己身体不舒服，并拒绝就医或者就医无明显效果，医生检查也没有发现明显病因。

（九）身体异常

孩子身上突然出现不明原因的瘀伤、划伤、骨折或愈合的伤口。但孩子不愿意说或者无法说清楚是怎么出现的。

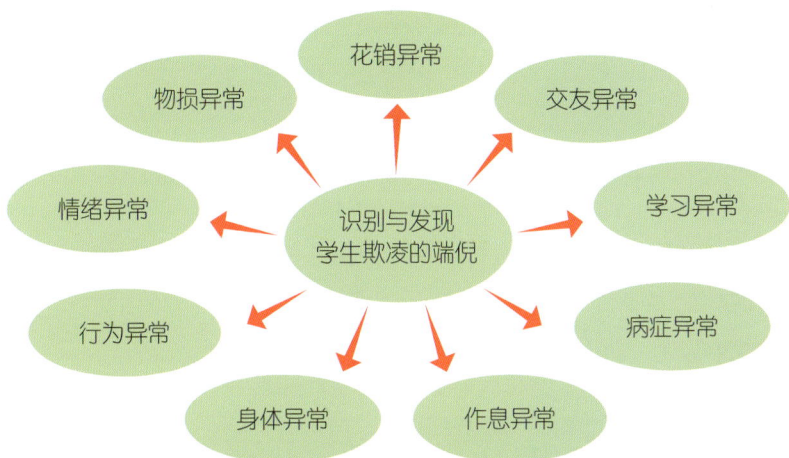

图 4　识别与发现学生欺凌

以上仅仅是根据实践中发生的案例进行总结所得，产生这些现象的原因很多，并不必然是学生欺凌所致，家长应该仔细观察和应对，不能单纯依据这些表现进行简单判断。

四、正确应对学生欺凌

(一) 作为被欺凌者的家长如何应对

1.掌握沟通技巧，发现学生欺凌行为。家长与孩子沟通应以倾听为主，不要过多地打断孩子或表现出不耐烦情绪；不要过分追问，可以跟孩子约定说出口的时间。

2.明确支持态度，帮助被欺凌者。当孩子把事情说出来以后，如果确有不友善或者欺负的行为发生，要明确告诉孩子，错误的是欺凌者，家长愿意并有能力保护他。

3.传授应对方法，回应学生欺凌。家长要教给孩子应对欺凌的原则和方法，正确应对欺凌，首先保护自己不受伤害。

4.强化家校沟通，处置学生欺凌。被欺凌者的家长应理性冷静，及时联系学校，与学校沟通，相信学校会公平、公正合理处置学生欺凌。若对学校处理结果不满意的，可以申请复核，以维护自身的合法权益。

(二) 作为欺凌者的家长如何应对

1.明确欺凌是错误的行为，及时纠正。父母要严肃教育孩子，明确告知孩子欺凌是错误的，对他人、对自己、对社会均有严重的危害，避免对学生欺凌"玩笑看待""消极应对""大事化小、小事化无"等态度或做法。

2.不逃避责任，配合学校处理。欺凌者家长在确认事实的基础上，不包庇、不纵容，协助孩子道歉和认错，帮助孩子改正其行为，积极主动配合学校及司法机关接受有针对性的家庭教育指导，接受监护监督，履行法定监护职责。

3. 发现学生欺凌的原因，对症下药。仔细观察、探索孩子欺凌他人的真正原因，有针对性地去解决。如果孩子不知道其行为已经是欺凌，就应该明确告知；如果孩子是模仿自己的行为，就要改变自己的习惯；如果孩子因为没有零花钱而抢夺他人财物，应该反思自己对孩子财物的管理方法；如果孩子是对具有某些特征的孩子具有偏见，就应该进行正面教育；如果孩子因精力过剩、无聊而欺凌他人，应当为其安排丰富的体育运动、艺术活动，进行正当兴趣爱好培养；等等。

（三）作为旁观者的家长如何应对

1. 疏导孩子情绪。旁观者家长应该及时安抚孩子情绪，避免旁观学生欺凌带来的心理冲击或恐惧情绪，明确告知孩子学校会正确合理处置学生欺凌，不要因为学生欺凌而影响对学校的安全感、信任感、归属感。

2. 不参与欺凌，拒绝模仿欺凌者。家长应明确告知孩子欺凌的危害，不但对被欺凌者产生影响，欺凌者也会承担责任。教育孩子勿以恶小而为之，更不能觉得欺凌者"很酷""很有面子"而模仿他人实施学生欺凌，任何学生欺凌都不应该被赞美。

3. 明确是非观，及时告知老师。明确告知孩子，旁观者的不作为或"加油或助威"等行为会助长欺凌者的嚣张气焰和错误行为，纵容学生欺凌。旁观者应在力所能及的情况下，制止学生欺凌；如果力有不逮或对方人多势众应该及时脱身告知老师。

第五章

学生如何应对学生欺凌

一、欺凌者应该反思自己的错误行为

（一）学生欺凌不是同伴相处的正确方式

任何人都不应该仰仗自己身强体壮或其他优势去欺负别人，更不能"以暴制暴""以牙还牙"去回击学生欺凌。欺凌不是解决同学矛盾或纠纷的正确方式，不管何种理由的欺凌都是错误的。

（二）学生欺凌害人害己

学生欺凌害人害己，不但会造成被欺凌者身心伤害，也会对欺凌者产生严重影响。任何欺凌者都不会被老师和同学真诚欢迎，甚至遭遇排斥或隐性排斥，影响其正常交往和朋友关系。经常实施欺凌的人，不但可能会遭遇被欺凌者的报复，也更容易形成错误行为模式，走上违法犯罪道路，影响其一生发展。

（三）学生欺凌必然面临法律责任

学生欺凌往往会造成对方身心伤害，必然伴随着法律责任的承担。

二、被欺凌者应该学会自护自救

（一）建立良好同学关系

团结同学、不排挤同学、不说同学坏话、不故意露财、不炫耀荣誉，避免孤身一人前往学校内外偏僻场所，避免或者减少遭遇学生欺凌的机会。

（二）摆正心态和观念

保持健康的心态，遭受欺凌的错误不在于自己。不管何种原因实施的学生欺凌，都是欺凌者的错误。

(三) 及时求助

遭遇欺凌时，要保持头脑冷静，明确告知对方欺凌行为是错误的；不刺激对方，避免和对方正面冲突，保护好自己身体易受伤害的部位；观察周围环境，寻找脱离的方法；寻找机会向路人呼救；摆脱困境后及时向老师、家长、警察报告。

(四) 保存证据

遭遇学生欺凌时，要善于运用录音、拍视频、截图或者拍照等方式，保存或者截取遭受学生欺凌的视听材料、图片资料等证据，邀请在场同学帮助固定证据或者见证，并将上述证据材料交给老师和家长。

三、旁观者等的立场与行动

(一) 基本立场与态度

树立正确的是非观、价值观，无论何种形式、原因的学生欺凌都是错误的。面对学生欺凌，要做到不参与、不起哄、不嘲笑、不排斥被欺凌者。既不做协助者，也不做二次伤害者，更不嘲笑或者孤立被欺凌者。

(二) 付诸行动

发现或者遇到学生欺凌，及时告知老师。发现正在实施的学生欺凌，在自身安全或条件允许的情况下，应该进行劝阻或制止，不遮掩学生欺凌行为。发现同学正在遭遇学生欺凌时，及时向成年人求助，帮助被欺凌者摆脱困境，降低欺凌可能造成的危害后果。

附件
法律法规及政策文件

一、《中华人民共和国未成年人保护法》关于学生欺凌的规定

第三十九条　学校应当建立学生欺凌防控工作制度，对教职员工、学生等开展防治学生欺凌的教育和培训。

学校对学生欺凌行为应当立即制止，通知实施欺凌和被欺凌未成年学生的父母或者其他监护人参与欺凌行为的认定和处理；对相关未成年学生及时给予心理辅导、教育和引导；对相关未成年学生的父母或其他监护人给予必要的家庭教育指导。

对实施欺凌的未成年学生，学校应当根据欺凌行为的性质和程度，依法加强管教。对严重的欺凌行为，学校不得隐瞒，应当及时向公安机关、教育行政部门报告，并配合相关部门依法处理。

第一百三十条　本法中下列用语的含义：

……

（三）学生欺凌，是指发生在学生之间，一方蓄意或者恶意通过肢体、语言及网络等手段实施欺压、侮辱，造成另一方人身伤害、财产损失或者精神损害的行为。

……

二、《中华人民共和国预防未成年人犯罪法》关于学生欺凌的规定

第二十条　教育行政部门应当会同有关部门建立学生欺凌防控制度。学校应当加强日常安全管理，完善学生欺凌发现和处置的工作流程，严格排查并及时消除可能导致学生欺凌行为的各种隐患。

第二十一条　教育行政部门鼓励和支持学校聘请社会工作者长期或者定期进驻学校，协助开展道德教育、法治教育、生命教育和心理

健康教育，参与预防和处理学生欺凌等行为。

第三十三条 未成年学生偷窃少量财物，或者有殴打、辱骂、恐吓、强行索要财物等学生欺凌行为，情节轻微的，可以由学校依照本法第三十一条规定采取相应的管理教育措施。

三、《未成年人学校保护规定》关于学生欺凌的规定

第十八条 学校应当落实法律规定建立学生欺凌防控和预防性侵害、性骚扰等专项制度，建立对学生欺凌、性侵害、性骚扰行为的零容忍处理机制和受伤害学生的关爱、帮扶机制。

第十九条 学校应当成立由校内相关人员、法治副校长、法律顾问、有关专家、家长代表、学生代表等参与的学生欺凌治理组织，负责学生欺凌行为的预防和宣传教育、组织认定、实施矫治、提供援助等。

学校应当定期针对全体学生开展防治欺凌专项调查，对学校是否存在欺凌等情形进行评估。

第二十条 学校应当教育、引导学生建立平等、友善、互助的同学关系，组织教职工学习预防、处理学生欺凌的相关政策、措施和方法，对学生开展相应的专题教育，并且应当根据情况给予相关学生家长必要的家庭教育指导。

第二十一条 教职工发现学生实施下列行为的，应当及时制止：

（一）殴打、脚踢、掌掴、抓咬、推撞、拉扯等侵犯他人身体或者恐吓威胁他人；

（二）以辱骂、讥讽、嘲弄、挖苦、起侮辱性绰号等方式侵犯他人人格尊严；

（三）抢夺、强拿硬要或者故意毁坏他人财物；

（四）恶意排斥、孤立他人，影响他人参加学校活动或者社会交往；

（五）通过网络或者其他信息传播方式捏造事实诽谤他人、散布谣言或者错误信息诋毁他人、恶意传播他人隐私。

学生之间，在年龄、身体或者人数等方面占优势的一方蓄意或者恶意对另一方实施前款行为，或者以其他方式欺压、侮辱另一方，造成人身伤害、财产损失或者精神损害的，可以认定为构成欺凌。

第二十二条　教职工应当关注因身体条件、家庭背景或者学习成绩等可能处于弱势或者特殊地位的学生，发现学生存在被孤立、排挤等情形的，应当及时干预。

教职工发现学生有明显的情绪反常、身体损伤等情形，应当及时沟通了解情况，可能存在被欺凌情形的，应当及时向学校报告。

学校应当教育、支持学生主动、及时报告所发现的欺凌情形，保护自身和他人的合法权益。

第二十三条　学校接到关于学生欺凌报告的，应当立即开展调查，认为可能构成欺凌的，应当及时提交学生欺凌治理组织认定和处置，并通知相关学生的家长参与欺凌行为的认定和处理。认定构成欺凌的，应当对实施或者参与欺凌行为的学生作出教育惩戒或者纪律处分，并对其家长提出加强管教的要求，必要时，可以由法治副校长、辅导员对学生及其家长进行训导、教育。

对违反治安管理或者涉嫌犯罪等严重欺凌行为，学校不得隐瞒，应当及时向公安机关、教育行政部门报告，并配合相关部门依法处理。

不同学校学生之间发生的学生欺凌事件，应当在主管教育行政部门的指导下建立联合调查机制，进行认定和处理。

第五十三条　教育行政部门应当指定专门机构或者人员承担学生保护的监督职责，有条件的，可以设立学生保护专兼职监察员负责学生保护工作，处理或者指导处理学生欺凌、性侵害、性骚扰以及其他侵害学生权益的事件，会同有关部门落实学校安全区域制度，健全依法处理涉校纠纷的工作机制。

负责学生保护职责的人员应当接受专门业务培训，具备学生保护的必要知识与能力。

第五十五条 县级教育行政部门应当会同民政部门，推动设立未成年人保护社会组织，协助受理涉及学生权益的投诉举报、开展侵害学生权益案件的调查和处理，指导、支持学校、教职工、家长开展学生保护工作。

四、《中小学法治副校长聘任与管理办法》关于学生欺凌的规定

第五条 法治副校长履职期间协助开展以下工作：

（一）开展法治教育。推动习近平法治思想的学习宣传，参与制订学校法治教育工作计划，协助学校创新法治教育内容和形式，每年在任职学校承担或者组织落实不少于 4 课时的、以法治实践教育为主的法治教育任务，提高法治教育的针对性和实效性。面向教职工开展法治宣传，指导、帮助道德与法治等课程教师开展法治教育。

（二）保护学生权益。参与学校学生权益保护制度的制定、执行，参加学生保护委员会、学生欺凌治理等组织，指导、监督学校落实未成年人保护职责，依法保护学生权益。

（三）预防未成年人犯罪。指导学校对未成年学生进行有针对性的预防犯罪教育，对有不良行为的学生加强管理和教育。

（四）参与安全管理。指导学校完善安全管理制度，协调推动建立学校安全区域制度，协助学校健全安全事故预防与处置机制，主

持或者参与学校安全事故的调解协商，指导学校依法处理安全事故纠纷，制止侵害学校和师生合法权益的行为。

（五）实施或者指导实施教育惩戒。协助学校、公安机关、司法行政部门按照法律和相关规定对有不良行为、严重不良行为的学生予以训诫或者矫治教育。根据学校实际和需要，参与建立学生教育保护辅导工作机制，对有需要的学生进行专门的辅导、矫治。

（六）指导依法治理。协助学校建立健全校规校纪、完善各类规章制度，参与校规校纪的审核，协助处理学校涉法涉诉案件，进入申诉委员会，参与处理师生申诉，协助加强与社区、家庭及社会有关方面的沟通联系。

（七）指导、协助学校履行法律法规规章规定的其他职责。

五、《加强中小学生欺凌综合治理方案》

加强中小学生欺凌综合治理是中小学校安全工作的重点和难点，事关亿万中小学生的身心健康和全面发展，事关千家万户的幸福和社会和谐稳定，事关中华民族的未来和伟大复兴。为深入贯彻党的十九大精神，有效防治中小学生欺凌，依据相关法律法规，制定本方案。

一、指导思想

以习近平新时代中国特色社会主义思想为指导，全面贯彻党的教育方针，落实立德树人根本任务，大力培育和弘扬社会主义核心价值观，不断提高中小学生思想道德素质，健全预防、处置学生欺凌的工作体制和规章制度，以形成防治中小学生欺凌长效机制为目标，以促进部门协作、上下联动、形成合力为保障，确保中小学生欺凌防治工作落到实处，把校园建设最安全、最阳光的地方，办好人民满意的教育，为培养德智体美全面发展的社会主义建设者和接班人创造良好条件。

二、基本原则

（一）坚持教育为先。深入开展中小学生思想道德教育、法治教育、心理健康教育，促进提高人民群众的思想觉悟、道德水准、文明素养，提高全社会文明程度，特别要加强防治学生欺凌专题教育，培养校长、教师、学生及家长等不同群体积极预防和自觉反对学生欺凌的意识。

（二）坚持预防为主。完善有关规章制度，及时排查可能导致学生欺凌事件发生的苗头隐患，强化学校及周边日常安全管理，加强欺凌事件易发现场监管，完善学生寻求帮助的维权渠道。

（三）坚持保护为要。切实保障学生的合法权益，严格保护学生隐私，尊重学生的人格尊严。切实保护被欺凌学生的身心健康，防止二次伤害发生，帮助被欺凌学生尽早恢复正常的学习生活。

（四）坚持法治为基。按照全面依法治国的要求，依法依规处置学生欺凌事件，按照"宽容不纵容、关爱又严管"的原则，对实施欺凌的学生予以必要的处置及惩戒，及时纠正不当行为。

三、治理内容及措施

（一）明确学生欺凌的界定

中小学生欺凌是发生在校园（包括中小学校和中等职业学校）内外、学生之间，一方（个体或群体）单次或多次蓄意或恶意通过肢体、语言及网络等手段实施欺负、侮辱，造成另一方（个体或群体）身体伤害、财产损失或精神损害等的事件。

在实际工作中，要严格区分学生欺凌与学生间打闹嬉戏的界定，正确合理处理。

（二）建立健全防治学生欺凌工作协调机制

各地要组织协调有关部门、群团组织，建立健全防治学生欺凌工作协调机制，统筹推进学生欺凌治理工作，妥善处理学生欺凌重大事件，正确引导媒体和网络舆情。教育行政（主管）部门和学校要重点抓好校园内欺凌事件的预防和处置；各部门要加强协作，综合治理，做好校园外欺凌事件的预防和处置。

（三）积极有效预防

1.指导学校切实加强教育。中小学校要通过每学期开学时集中开展教育、学期中在道德与法治等课程中专门设置教学模块等方式，定期对中小学生进行学生欺凌防治专题教育。学校共青团、少先队组织要配合学校开展好法治宣传教育、安全自护教育。

2.组织开展家长培训。通过组织学校或社区定期开展专题培训课等方式，加强家长培训，引导广大家长增强法治意识，落实监护责任，帮助家长了解防治学生欺凌知识。

3.严格学校日常管理。学校根据实际成立由校长负责，教师、少先队大中队辅导员、教职工、社区工作者和家长代表、校外专家等人员组成的学生欺凌治理委员（高中阶段学校还应吸纳学生代表）。加快推进将校园视频监控系统、紧急报警装置等接入公安机关、教育部门监控和报警平台，逐步建立校园安全网上巡查机制。学校要制定防治学生欺凌工作各项规章制度的工作要求，主要包括：相关岗位教职工防治学生欺凌的职责、学生欺凌事件应急处置预案、学生欺凌的早期预警和事中处理及事后干预的具体流程、校规校纪中对实施欺凌学生的处罚规定等。

4.定期开展排查。教育行政部门要通过委托专业第三方机构或组织学校开展等方式，定期开展针对全体学生的防治学生欺凌专项调查，及时查找可能发生欺凌事件的苗头迹象或已经发生、正在发生的欺凌事件。

（四）依法依规处置

1.严格规范调查处理。学生欺凌事件的处置以学校为主。教职工发现、学生或者家长向学校举报的，应当按照学校的学生欺凌事件应急处置预案和处理流程对事件及时进行调查处理，由学校学生欺凌治理委员会对事件是否属于学生欺凌行为进行认定。原则上学校应在启动调查处理程序10日内完成调查，根据有关规定处置。

2.妥善处理申诉请求。各地教育行政部门要明确具体负责防治学生欺凌工作的处（科）室并向社会公布。县级防治学生欺凌工作部门负责处理学生欺凌事件的申诉请求。学校学生欺凌治理委员会处理程序妥当、事件比较清晰的，应以学校学生欺凌治理委员会的处理结果为准；确需复查的，由县级防治学生欺凌工作部门组织学校代表、家长代表和校外专家等组成调查小组启动复查。复查工作应在15日内完成，对事件是否属于学生欺凌进行认定，提出处置意见并通知学校和家长、学生。

县级防治学生欺凌工作部门接受申诉请求并启动复查程序的，应在复查工作结束后，及时将有关情况报上级防治学生欺凌工作部门备案。涉法涉诉案件等不宜由防治学生欺凌工作部门受理的，应明确告知当事人，引导其及时纳入相应法律程序办理。

3.强化教育惩戒作用。对经调查认定实施欺凌的学生，学校学生欺凌治理委员会要根据实际情况，制定一定学时的专门教育方案并监督实施欺凌学生按要求接受教育，同时针对欺凌事件的不同情形予以相应惩戒。

情节轻微的一般欺凌事件，由学校对实施欺凌学生开展批评、教育。实施欺凌学生应向被欺凌学生当面或书面道歉，取得谅解。对于反复发生的一般欺凌事件，学校在对实施欺凌学生开展批评、教育的同时，可视具体情节和危害程度给予纪律处分。

情节比较恶劣、对被欺凌学生身体和心理造成明显伤害的严重欺凌事件，学校对实施欺凌学生开展批评、教育的同时，可邀请公安机关参与警示教育或对实施欺凌学生予以训诫，公安机关根据学校邀请及时安排人员，保证警示教育工作有效开展。学校可视具体情节和危害程度给予实施欺凌学生纪律处分，将其表现记入学生综合素质评价。

屡教不改或者情节恶劣的严重欺凌事件，必要时可将实施欺凌学生转送专门（工读）学校进行教育。未成年人送专门（工读）学校进行矫治和接受教育，应当按照《中华人民共和国预防未成年人犯罪法》有关规定，对构成有严重不良行为的，按专门（工读）学校招生入学程序报有关部门批准。

涉及违反治安管理或者涉嫌犯罪的学生欺凌事件，处置以公安机关、人民法院、人民检察院为主。教育行政部门和学校要及时联络公安机关依法处置。各级公安、人民法院、人民检察院依法办理学生欺凌犯罪案件，做好相关侦查、审查逮捕、审查起诉、诉讼监督和审判等工作。对有违法犯罪行为的学生，要区别不同情况，责令其父母或者其他监护人严加管教。对依法应承担行政、刑事责任的，要做好个别矫治和分类教育，依法利用拘留所、看守所、未成年犯管教所、社区矫正机构等场所开展必要的教育矫治；对依法不予行政、刑事处罚的学生，学校要给予纪律处分，非义务教育阶段学校可视具体情节和危害程度给予留校察看、勒令退学、开除等处分，必要时可按照有关规定将其送专门（工读）学校。对校外成年人采取教唆、胁迫、诱骗等方式利用在校学生实施欺凌进行违法犯罪行为的，要根据《中华人民共和国刑法》及有关法律规定，对教唆未成年人犯罪的依法从重处罚。

（五）建立长效机制

各地各有关部门要加强制度建设，积极探索创新，逐步建立具有长效性、稳定性和约束力的防治学生欺凌工作机制。

1.完善培训机制。明确将防治学生欺凌专题培训纳入教育行政干部和校长、教师在职培训内容。市级、县级教育行政部门分管负责同志和具体工作人员每年应当接受必要的学生欺凌预防与处置专题面授培训。中小学校长、学校行政管理人员、班主任和教师等培训中应当增加学生欺凌预防与处置专题面授的内容。培训纳入相关人员继续教育学分。

2. 建立考评机制。将本区域学生欺凌综合治理工作情况作为考评内容，纳入文明校园创建标准，纳入相关部门负责同志年度考评，纳入校长学期和学年考评，纳入学校行政管理人员、教师、班主任及相关岗位教职工学期和学年考评。

3. 建立问责处理机制。把防治学生欺凌工作专项督导结果作为评价政府教育工作成效的重要内容。对职责落实不到位、学生欺凌问题突出的地区和单位通过通报、约谈、挂牌督办、实施一票否决权制等方式进行综治领导责任追究。学生欺凌事件中存在失职渎职行为，因违纪违法应当承担责任的，给予党纪政纪处分；构成犯罪的，依法追究刑事责任。

4. 健全依法治理机制。建立健全中小学校法制副校长或法制辅导员制度，明确法制副校长或法制辅导员防治学生欺凌的具体职责和工作流程，把防治学生欺凌作为依法治校工作的重要内容，积极主动开展以防治学生欺凌为主题的法治教育，推进学校在规章制度中补充完善防治学生欺凌内容，落实各项预防和处置学生欺凌措施，配合有关部门妥善处理学生欺凌事件及对实施欺凌学生进行教育。

四、职责分工

（一）教育行政部门负责对学生欺凌治理进行组织、指导、协调和监督，牵头做好专门（工读）学校的建设工作，是学生欺凌综合治理的牵头单位。

（二）综治部门负责推动将学生欺凌专项治理纳入社会治安综合治理工作，强化学校周边综合治理，落实社会治安综合治理领导责任制。

（三）人民法院负责依法妥善审理学生欺凌相关案件，通过庭审厘清学生欺凌案件的民事责任，促进矛盾化解工作；以开展模拟法庭等形式配合学校做好法治宣传工作。

（四）人民检察院负责依法对学生欺凌案件进行审查逮捕、审查起诉，开展法律监督，并以案释法，积极参与学校法治宣传教育。

（五）公安机关负责依法办理学生欺凌违反治安管理和涉嫌犯罪案件，依法处理实施学生欺凌侵害学生权益和身心健康的相关违法犯罪嫌疑人，强化警校联动，指导监督学校全面排查整治校园安全隐患，协助学校开展法治教育，做好法治宣传工作。

（六）民政部门负责引导社会力量加强对被欺凌学生及其家庭的帮扶救助，协助教育行政部门组织社会工作者等专业人员为中小学校提供专业辅导，配合有关部门鼓励社会组织参与学生欺凌防治和帮扶工作。

（七）司法行政部门负责落实未成年人司法保护制度，建立未成年人司法支持体系，指导协调开展以未成年人相关法律法规为重点的法治宣传教育，做好未成年人法律援助和法律服务工作，有效保护未成年人的合法权益。

（八）人力资源社会保障部门负责指导技工学校做好学生欺凌事件的预防和处置工作。

（九）共青团组织负责切实履行综治委预防青少年违法犯罪专项组组长单位职责，配合教育行政部门并协调推动相关部门，建立预防遏制学生欺凌工作协调机制，积极参与学生欺凌防治工作。

（十）妇联组织负责配合有关部门开展预防学生欺凌相关知识的宣传教育，引导家长正确履行监护职责。

（十一）残联组织负责积极维护残疾儿童、少年合法权益，配合有关部门做好残疾学生权益保护相关法律法规的宣传教育，切实加强残疾学生遭受欺凌的风险防控，协助提供有关法律服务。

（十二）学校负责具体实施和落实学生欺凌防治工作，扎实开展相关教育，制定完善预防和处置学生欺凌的各项措施、预案、制度规范和处置流程，及时妥善处理学生欺凌事件。指导、教育家长依法落实法定监护职责，增强法治意识，科学实施家庭教育，切实加强对孩子的看护和管教工作。

五、工作要求

（一）深入细致部署。各地各有关部门要按照属地管理、分级负责的原则，加强学生欺凌综合治理。根据治理内容、措施及分工要求，明确负责人和具体联系人，结合本地区、本部门实际制订具体实施方案，落实工作责任。请于2017年12月31日前将省级防治学生欺凌工作负责人和联系人名单、2018年1月31日前将实施方案分别报送国务院教育督导委员会办公室。

（二）加强督导检查。省、市级教育督导部门要联合其他有关部门，定期对行政区域内防治学生欺凌工作情况进行督导检查。县级教育督导部门要对县域内学校按要求开展欺凌防治教育活动、制定应急预案和处置流程等办法措施、在校规校纪中完善防治学生欺凌内容、开展培训、及时处置学生欺凌事件等重点工作开展情况进行专项督导检查。

国务院教育督导委员会办公室适时组织联合督查组对全国防治学生欺凌工作进行专项督导，督导结果向社会公开。

（三）及时全面总结。认真及时做好防治学生欺凌工作总结，一方面围绕取得的成绩和经验，认真总结防治学生欺凌工作中带有启示性、经验性的做法；另一方面围绕面临的困难和不足，认真查找防治学生欺凌工作与社会、家长和学生需求的差距、不足和薄弱环节，查找问题真正的根源，汲取教训，研究改进，推动防治学生欺凌工作进一步取得实效。

（四）强化宣传引导。结合普法工作，开展法治宣传进校园活动，加强对防治学生欺凌工作的正面宣传引导，推广防治学生欺凌的先进典型、先进经验，普及防治学生欺凌知识和方法。对已发生的学生欺凌事件要及时回应社会关切，充分满足群众信息需求。教育行政部门要联系当地主要新闻媒体共同发布反学生欺凌绿色报道倡议书，营造反学生欺凌报道宣传的良好氛围。

六、《上海市未成年人保护条例》关于学生欺凌的规定

第三十二条　学校应当建立学生欺凌防控工作制度，对教职员工、学生等开展防治学生欺凌的教育和培训，并公布举报、求助渠道。

学校对学生欺凌行为应当立即制止，通知实施欺凌和被欺凌未成年学生的父母或者其他监护人参与欺凌行为的认定和处理；对相关未成年学生及时给予心理辅导、教育和引导；对相关未成年学生的父母或者其他监护人给予必要的家庭教育指导。

对实施欺凌的未成年学生，学校应当根据欺凌行为的性质和程度，依法加强管教。对严重的欺凌行为，学校不得隐瞒，应当及时向公安、教育部门报告，并配合相关部门依法处理。

七、《上海市预防未成年人犯罪条例》关于学生欺凌的规定

第四十一条 学校应当成立学生欺凌治理委员会，完善学生欺凌发现和处置的工作流程，严格排查并及时消除可能导致学生欺凌行为的各种隐患，接受学生欺凌事件的举报与申诉，及时开展调查与认定。

学校对实施欺凌行为的学生，应当根据不同情形采取相应的管理教育措施；可能构成犯罪的，应当及时向公安机关报告。

学校应当及时将学生欺凌事件的处理进展和处置措施通知学生本人及其父母或者其他监护人；涉及学生隐私的，应当对相关信息予以保密。